T0113571

EN MANOS DEL VALIENTE

De: J Antonio Massi & Yajaira Massi

Para:_____

# EN MANOS DEL VALIENTE

Ministerio Restaurando la Familia

J ANTONIO & YAJAIRA MASSI

**Para realizar pedidos de este libro, contacte con:**
Palibrio
1663 Liberty Drive, Suite 200
Bloomington, IN 47403
Gratis desde EE. UU. al 877.407.5847
Gratis desde México al 01.800.288.2243
Gratis desde España al 900.866.949
Desde otro país al +1.812.671.9757
Fax: 01.812.355.1576
ventas@palibrio.com
850554

# DEDICATORIA

*D*edico con agradecimiento este libro a cada uno de los integrantes de la familia, por muchas razones, pues cada uno de ellos, cónyuge, hijos, yerno, nuera, nietos son los protagonistas del contenido de este libro, al que hemos titulado: EN MANOS DEL VALIENTE.

# ÍNDICE

# CÁNTICO GRADUAL; PARA SALOMÓN.

**127** Si Jehová no edificare la casa,
En vano trabajan los que la edifican;
Si Jehová no guardare la ciudad,
En vano vela la guardia.
² Por demás es que os levantéis de madrugada, y vayáis tarde a reposar,
Y que comáis pan de dolores;
Pues que a su amado dará Dios el sueño.
³ He aquí, herencia de Jehová son los hijos;
Cosa de estima el fruto del vientre.
⁴ Como saetas en mano del valiente,
Así son los hijos habidos en la juventud.
⁵ Bienaventurado el hombre que llenó su aljaba de ellos;
No será avergonzado
Cuando hablare con los enemigos en la puerta.

**Salmos 127 Reina Valera 1960.**

# INTRODUCCIÓN

$\mathscr{S}$ucedió una mañana mientras desayunábamos Yajaira y yo. Como es nuestra costumbre, cada mañana mientras ambos desayunamos nos dedicamos a hablar, y aunque la mayoría de las veces los temas de nuestras conversaciones no son sobre asuntos relevantes, hay amaneceres que se apropian para tener esas conversaciones que nos dejan excelentes memorias y muy buenos momentos, que luego se convierten en motivación para darle seguimiento a ese inicio tan favorable para nuestras vidas y para nuestra labor ministerial. Ahora, tengo que dejarles saber qué hay mañanas, que mientras estamos comiendo solo hablamos de alguna noticia reciente, otras veces las conversaciones han sido sobre los cambios de temperatura tan abruptos o los cambios que ha tenido nuestro vecindario debido a nuevas construcciones y muchos otros asuntos que no tienen grandes implicaciones. Ahora a la mañana tan puntual a la que hago referencia, es una donde Yajaira mientras me servía una taza de café me mira y me hace esta pregunta: -Papi, tú les has prestado atención a las últimas palabras que el Rey David en su lecho de muerte le dice a su hijo Salomón? Y tengo que confesar que no estaba seguro a qué palabras mi esposa hacía referencia, así que ella me pidió que las buscara y la leyéramos. Las palabras están registradas en Primera de Reyes capítulo 2 versículos 1-2.

Las quiero dejar aquí para que usted también pueda leerlas:

1. Llegaron los días en que David había de morir, y ordenó a Salomón su hijo, diciendo:

2. Yo sigo el camino de todos en la tierra; esfuérzate, y sé hombre.

Esas son las palabras que captaron la atención de mi esposa. Es curioso que el monarca David le dice que él sigue "el camino de todos en la tierra"; de manera que no podemos pasar desapercibido que ese camino está establecido por Dios para todos los seres vivientes en esta tierra, el escritor de los Hebreos en el capítulo nueve versículo veintisiete lo dice así:

"Y de la manera que está establecido para los hombres que mueran una sola vez, y después de esto el juicio,"

Consiente de esta realidad, quiero que esas palabras dichas por el Rey David le ayude a usted a pensar en la eternidad, ya que la muerte es inevitable. De manera que debemos estar preparados para ese camino de todos los mortales (No somos eternos).

Dicho esto entonces continúo con lo que nos atrapó a Yajaira y a mí, las palabras de un padre a un hijo estando a punto de morir.

Y ambos debido a la naturaleza de nuestro trabajo como pastores cristianos, hemos tenido que estar en muchos hospitales y allí hemos podido ver a personas en esa misma situación, cuando la ciencia médica dice qué hay poco tiempo de vida, son esos los días o las horas donde se dicen las palabras más sinceras y las que se consideran más importantes, especialmente cuando van dirigidas a nuestros seres queridos (hijos, cónyuges, hermanos, etc.) Eso lo hemos visto en diferentes escenarios.

Es por eso que nuestra conversación de esa mañana se hizo más profunda, pues reconocíamos que esas palabras de David a su hijo Salomón eran sus últimas palabras y que quedarían en su memoria. Yajaira me dijo que le impactaba leer que David como monarca no le habla de impuestos, ni de relaciones exteriores, ni ninguna mención a territorios, las palabras son directas: "esfuérzate y sé hombre".

Nosotros quisimos profundizar más sobre las implicaciones y enseñanzas que podríamos obtener de ese escenario, y ese interés hoy se convierte en la motivación para nuestro décimo libro. Este es mi séptimo libro y otros tres libros escritos por Yajaira (Un Hueco en el vacío, Juntos y de Acuerdo y su tercer libro Noches frías).

Este libro nace de la conversación de esa mañana, parte del contenido lo hemos expuesto en conferencias y predicaciones, debido a que escuchamos a muchos que nos hablan de la problemática actual en su vida matrimonial y familiar.

El mensaje de Las Sagradas Escrituras tiene mucho que decir a todas las situaciones e implicaciones que la sociedad moderna nos reclama a nosotros como cristianos, esperan de nosotros respuestas que sean convincentes y que puedan servir de ayuda a muchos que, debido a las confusiones, hoy son víctimas de grandes crisis dentro de sus matrimonios, que ayudemos a los que hoy están sufriendo las consecuencias del divorcio y a muchos hijos heridos por sus padres que aún no entienden que fue lo aconteció.

Por eso el tema de la familia se ha vuelto popular, hay mucho interés debido a que se entiende qué hay cada vez más hombres como esposos y padres, anhelando obtener respuestas claras, actuales y prácticas para echar mano de ellas y recuperar lo que se ha perdido en sus hogares. También muchas mamás enfocadas en la búsqueda de soluciones para la vida en su hogar. Y eso no debe sorprendernos, pues en la pandemia de Covid-19 pudimos reafirmar que al final de todo uno descubre que lo más importante es La Familia. Eso también ha impulsado el número de estudiantes que se concentran en estudios profesionales de consejería familiar, además los programas de televisión enfocados a las familias ganan audiencias y los libros enfocados en el tema son adquiridos como medio de auxilio.

Este libro que tiene en sus manos es uno más de la lista de escritores que anhelamos poder servir de ayuda al éxito en el matrimonio y la familia. Es un libro con base en las verdades eternas de Las Sagradas Escrituras, que contienen las instrucciones del Creador de la familia y quien la diseñó para vivir en armonía.

Le animo que lo lea con interés para usted y los suyos, pero también para servir de ayuda a los que lo rodean.

Así que vamos por más, no nos conformamos con lo que hay, vamos por más con la ayuda de Dios. De manera que le pido que saque un espacio para detenerse y pensar, animarse a cambiar los malos resultados a través de la lectura de principios bíblicos, a través de palabras que dan aliento y con oración, creyendo que seremos testigos a que esas oraciones serán respondidas para testificar de la fidelidad del Señor.

J. Antonio Massi
Enero 2023.

# CAPÍTULO UNO

## ¿Canción de un padre para su hijo?

$\mathcal{L}$a vida se convierte en un museo de recuerdos variados, algunos de mucha alegría, otros de momentos desagradables, todos tenemos recuerdos de logros y éxitos pero también de frustración y fracasos. En cuanto a lo económico hay recuerdos de escasez pero también recuerdos de abundancia y prosperidad, esa es la vida, compuesta de altos y bajos. Así que la vida se convierte para todos en un viaje donde hay cosas que por mucho que nos afanemos no las podremos evitar, como es la perdida de la juventud, esos años de fuerza, entusiasmo, belleza van siendo poco a poco, semana tras semana, mes tras mes y año tras año, cambiados por debilidades, incertidumbres, arrugas, luego nos damos cuenta de que el cabello nos cambia de color, se envejece, se cae y lo más curioso es que los vellos del cuerpo desaparecen en los lugares donde lo teníamos y nos salen donde no quisiéramos tenerlos, ja, ja, ja, siiii, increíble pero cierto, ja, ja, ja esa es la bienvenida a la vejez. Yo recientemente llegué a los 60 años y me pude recordar de un letrero gracioso que leí que decía que uno descubre a esta edad que se está haciendo viejo, porque ahora al acostarse cada noche los sueños son repetidos y las pesadillas son reestrenos. Alguien definió esta etapa en la que el cuerpo físico nos duele todo y lo que no nos duele es porque ya no funciona. De nuevo me da risa, ja, ja, ja, pues hace solo unos meses en nuestro trabajo ministerial fuimos invitados a predicar y dar unas conferencias a una ciudad del Estado de Georgia, USA. Al mirar el recorrido en el GPS desde nuestra casa vimos que eran unas 4 horas con 35 minutos y entonces decidimos Yajaira y yo irnos manejando en nuestro auto. Después de hora y media de recorrido nos encontramos con un accidente en la vía que le agregaba más de 30 minutos a nuestra hora inicial de llegada, debido a ese atraso, decidimos llegar directo al hotel y no hacer ninguna parada para poder estar listos para la conferencia de esa noche. Al fin llegamos después de 5 horas sentado al volante, detuve el auto en el estacionamiento del hotel, apague el motor, abrí la puerta para salir, al sacar la primera pierna me doy cuenta de que cuando quise sacar la pierna derecha parecía que no quería salir del auto, la pierna no me respondía, y cuando ya pude estar de pie fuera del auto y quise caminar parecía un loro caminando en mosaico resbaladizo y mi esposa me pregunta: -Por qué estás caminando así? Y sin poder darle una respuesta mejor le dije:

-Amor, ya no es como antes que podía hacer viajes manejando más de 12 horas sin detenerme, así que los años pasan su factura.

Aunque todavía no estamos pensando en retirarnos, sabemos que el panorama nos deja ver de manera muy clara que ya tenemos más pasado que futuro y el programa restante debe estar enfocado en nuestros hijos y nietos.

## UN SALMO QUE ESTÁ DEDICADO A UN HIJO.

En nuestra decisión de seguir buscando más conocimiento útil de la vida final del Rey David, llegamos a la conclusión que el Salmo 127 contiene una canción de un padre para su hijo, es David escribiéndole a su hijo amado Salomón. Aunque hay muchos que creen que el Salmo fue escrito por Salomón, nosotros nos inclinamos por varias razones que este Salmo fue escrito por David.

Lo primera razón es el título "para Salomón".

La segunda es el contenido del Salmo, las palabras dejan ver la voz de la experiencia deseando influenciar a alguien de interés, dejándole saber lo absurdo del esfuerzo humano para edificar una familia sin Dios, y consideramos muy fácil que el Rey David terminara su vida llegando a esta conclusión, la tercera razón es la expresión "pan de dolores..." entre El Rey David y su hijo Salomón, quien tuvo la mayor experiencia de una vida de dolor y en especial con su familia, fue David; exitoso y triunfante en la vida pública pero un fracasado en su vida privada y una razón adicional por la que nos inclinamos a que lo escribe David es que la figura de "flechas en manos del valiente" es una figura de guerra, de batallas en la cual no hay duda que David supera a su hijo Salomón.

Basado en esto es que podemos decir que es una canción de un padre para su hijo amado. Y lo que lo hace más interesante es que no es una canción de un padre para su hija, no es la canción para La niña de papi, lo cual para mí es fácilmente aceptable, pero un hombre escribiéndole a otro hombre una canción, me hace levantar las cejas y decir "de un padre para su hijo".

Esta canción es escrita por David para trasmitir a su amado, a su hijo Salomón, las conclusiones a que llegado después de jornada de vida. Sobre esas conclusiones vamos a reflexionar en el contenido de este libro, con la seguridad que se va a convertir en estímulo para su propia vida, donde anhelamos tener la experiencia de vivir el Salmo 127, que sea un impulsor de motivos para vivir. Que miremos a Dios trabajando con constancia en nosotros para hacer profundos cambios en nuestro diario vivir y seamos testigos de su poder y fidelidad.

Ahora piense al terminar este capítulo, piense sobre su familia.

Ahora pregúntese: ¿Qué puedo hacer para que hoy o este fin de semana dejemos memorias positivas en nuestra vida familiar? Después de tener la respuesta, escríbala lo más específica que pueda.

Entonces concluyamos este capítulo con estas palabras de oración:

Padre celestial, sabemos que has diseñado la vida y que en ella hay etapas, y quiero pedirte la sabiduría para actuar correctamente en la etapa en la que me encuentro, quiero hacer mejoras dentro de nuestro hogar, te pedimos tu ayuda porque sabemos que separados de ti, nada podemos hacer.

Oramos en el nombre de Jesús, amén.

# CAPÍTULO DOS

## Indigno Pero Escogido

*E*l amor de Dios es tan infinito que en nuestras mentes humanas e limitadas no lo podemos comprender, aunque decimos que él nos ama, en lo profundo de nuestro ser no nos es fácil digerir y entender el único y verdadero amor real que siente por nosotros, pero aunque no sabemos expresar con nuestros sentimientos, tal profundidad de expresión hacia la humanidad, su palabra nos revela su amor eterno:

Jehová se manifestó a mí hace ya mucho tiempo, diciendo: Con amor eterno te he amado; por tanto, te prolongué mí misericordia. Jeremías 31:3 El relato bíblico en 2da de Samuel nos muestra el aborrecimiento de Dios en los acontecimientos en la relación del rey de Israel con Betzabé, en una trama de traición, asesinato, adulterio, embarazo y muerte del niño por causa del pecado de David, usando el Señor a su profeta Natán para amonestar el pecado de su siervo. 7 Entonces dijo Natán a David: Tú eres aquel hombre. Así ha dicho Jehová, Dios de Israel: Yo te ungí por rey sobre Israel, y te libré de la mano de Saúl, 8 y te di la casa de tu señor, y las mujeres de tu señor en tu seno; además te di la casa de Israel y de Judá; y si esto fuera poco, te habría añadido mucho más. 9 ¿Por qué, pues, tuviste en poco la palabra de Jehová, haciendo lo malo delante de sus ojos? A Urías heteo heriste a espada, y tomaste por mujer a su mujer, y a él lo mataste con la espada de los hijos de Amón. 10 Por lo cual ahora no se apartará jamás de tu casa la espada, por cuanto me menospreciaste, y tomaste la mujer de Urías heteo para que fuese tu mujer. 11 Así ha dicho Jehová: He aquí yo haré levantar el mal sobre ti de tu misma casa, y tomaré tus mujeres delante de tus ojos, y las daré a tu prójimo, el cual yacerá con tus mujeres a la vista del sol. 12 Porque tú lo hiciste en secreto; mas yo haré esto delante de todo Israel y a pleno sol. 13 Entonces dijo David a Natán: Pequé contra Jehová. Y Natán dijo a David: También Jehová ha remitido tu pecado; no morirás. 14 Mas por cuanto con este asunto hiciste blasfemar a los enemigos de Jehová, el hijo que te ha nacido ciertamente morirá. 15 Y Natán se volvió a su casa. Y Jehová hirió al niño que la mujer de Urías había dado a David, y enfermó gravemente. 16 Entonces David rogó a Dios por el niño; y ayunó David, y entró, y pasó la noche acostado en tierra. 17 Y se levantaron los ancianos de su casa, y fueron a él para hacerlo levantar de la tierra; mas él no quiso, ni comió con ellos pan. 18 Y al séptimo día murió el niño; y temían los siervos de David hacerle saber que el niño había muerto, diciendo entre sí: Cuando el niño aún vivía, le hablábamos, y no quería oír nuestra voz; ¿cuánto más se afligirá si le decimos que el niño ha muerto? 19 Mas David, viendo a sus siervos hablar entre sí, entendió que el niño había muerto; por lo que dijo David a sus siervos: ¿Ha muerto el niño? Y ellos respondieron: Ha muerto.

Los resultados del pecado son trágicos para el rey y Betzabé, las consecuencias del pecado desencadenaron en la muerte de un hijo concebido bajo la sombra del adulterio y el asesinato, sin embargo, y a pesar del dolor del pecado y la pérdida, Dios siempre quiere manifestar su infinito amor, misericordia y gracia en los que se acercan con corazón arrepentido. Esa siempre fue la expresión de David para con su Dios, a pesar de sus pecados y desaciertos se humillaba entendiendo que solo en arrepentimiento encontraría la benevolencia del Señor, por eso es el hombre conforme al corazón de Dios. Para la opinión de los críticos, el rey merecía morir por toda la mala acción a causa de la debilidad, pero en los estándares de Dios las mediciones son muy distintas a las nuestras, siempre quiere mostrarnos su infinito amor a pesar de no merecerlo, por causa de ese amor, dice la Biblia que no hemos sido consumidos. Si recordamos los siguientes versos de esta historia en 2da. Samuel 12, vamos a encontrar que después del luto por la muerte del niño, el rey se levanta de la tierra, se lava, unge y cambia sus ropas y entra a adorar a aquel que había decretado juicio sobre su pecado; ese era el corazón de David, humilde, sensible, que amaba a Dios con todo su corazón. Ya pasado el proceso de dolor, el rey se acerca a Betzabé, ahora su mujer, y se llega y duerme con ella, concibiendo esta en su vientre quien habría de ser la flecha lanzada para ocupar en el futuro el trono en la sucesión del rey David.

Creo que la historia de este hombre conforme al corazón de Dios es apasionante, porque no solo relata la vida de dolor, traiciones, pecados, muertes y perdidas, sino que también refleja el trato de amor, perdón, reconciliación, oportunidad, misericordia de Dios, manifestado en nuestras vidas también; es Señor de segundas oportunidades, de gracia, de planes, que cumple sus designios a cabalidad sin tener que consultarnos nada, solo lo hace por amor. Y Dios muestra su amor por David y por supuesto por Betzabé dándoles un hijo con propósito, de allí la verdad en la expresión en el Salmo 127: "Herencia de Jehová son los hijos".

Nuevamente, si revisamos los estándares humanos para sacar una opinión pública, seguramente podríamos concluir que esta flecha, que habría de ser lanzada como heredero del trono, jamás debía procrearse de la relación entre una mujer adúltera como Betzabé con el rey, es mas ella debía ser la desechada, la excluida y descalificada para tal evento como la procreación de un heredero en la monarquía del pueblo de Israel, pero definitivamente, el amor de Dios siempre nos sorprenderá y se hace difícil de entender, porque lo que nosotros medimos con una regla, nuestro Dios lo mide con amor. Si calificamos en nuestra humanidad determinaríamos que el hijo heredero debió haber nacido de Mical la esposa de David, o debió ser Ammón el primogénito del rey o Absalón, pero no, sería procreado de la unión de un rey lujurioso, asesino, traidor e infiel, sería concebido de una pareja adultera y añádale: AMADO POR DIOS, vaya plan divino, totalmente fuera del alcance mental del hombre, eso solo sucede en los designios divinos.

Sería llamado Jedidías, a causa de Jehová (2da. Samuel 12:24).

Dice una de las versiones de la Biblia que fue tanto el amor de Dios por el niño, que envió al profeta Natán para que le dijera: "En mi honor será llamado Jededías, que significa Amado de Dios". Así que Jededías viene a ser una flecha en la aljaba de David y Betzabé para ser lanzada como sucesor. Quien lo diría, quien lo pensaría; pero es que los planes nuestros no se parecen a los de Dios. Esta historia real nos motiva a creer y confiar que nuestras herencias, nuestros hijos están en el propósito divino, por lo que debemos orar y clamar para que los planes de Dios no sean abortados sino que los mismos se cumplan a cabalidad. Dios puede hacer con nuestros hijos como él quiere, cuando quiere y donde quiere, para hacer cumplir su plan. El amor de Dios por Salomón era tan profundo que deja registrado en las escrituras y así se lo hace saber a David a través del profeta Natán: «En mí honor, este niño se llamará Jedidías, que significa "Amado de Dios"»; así que Dios se complace en este hijo del rey y su mujer Betzabe; ya desde la concepción tiene una asignación dada por el Rey de reyes y Señor de Señores, el Eterno, el soberano, ser el sucesor de su padre David. Así mismo sucede con nuestras herencias, Dios ya tiene un plan, un diseño y una asignación para nuestros hijos y como padres somos responsables de verlos como nuestro Padre celestial los ve: Herencias, flechas, frutos, saetas, que en sus manos harán prodigios, señales, cosas extraordinarias.

Ver a nuestros hijos como Dios los ve y llamarlos con él los llama va cincelando en el recorrido de sus vidas el propósito del Señor en ellos. Nuestros hijos no son un problema, no son un error, tampoco un estorbo, ni un descuido, nuestros hijos son un regalo del cielo, y lo maravilloso es que ellos en las mano de Dios se proyectaran donde nosotros jamás pudiésemos imaginar, ellos serán lanzados con nuestra ayuda y en las manos del fuerte y poderoso para llegar donde nosotros mismos podríamos llegar, y cumplirán proyectos que inimaginablemente los padres pensaríamos pudiesen hacerse realidad. Salomón, el hijo que por el historial de los padres no merecía ser el sucesor al trono, no solo pasó a ser el monarca del pueblo de Israel en un tiempo de paz sino que cumplió el sueño que su padre, el rey David, no pudo ejecutar, como lo era la construcción del templo a Jehová, quien le había ya sentenciado a David que no lo construiría por haber derramado mucha sangre en su reinado, sino sería su sucesor, su hijo Salomón quien lo construiría, y así dice la escritura que se cumplió. Jamás desestimes lo que Dios puede hacer con tus hijos, no actúes en incredulidad pensando que el Señor no tiene un plan para ellos, nunca pienses que son descalificados ante el Padre Celestial, nunca olvides el profundo amor con el que él nos ama. En estas últimas líneas te invito a que ores por tus hijos, los presentes constantemente ante el trono de la gracia para que el Señor cumpla el propósito que tiene con ellos. Recuerda que los hijos son herencia y las herencias se cuidan, recuerda que la Biblia dice que son flechas, y las flechas son hechas para ser lanzadas, la Palabra de Dios dice que son cosa de estima el fruto del vientre, y comeremos de la dulzura de ese fruto, también dice que son saetas en las manos del valiente, que serán lanzados a su tiempo, los hijos son unos milagros convertidos en regalos enviados del cielo.

# CAPITULO TRES

❦

## Es inútil, y es en vano.

*V*eo diariamente las noticias desgarradoras de tantas familias que salen de sus países como inmigrantes, muchas por causas de gobiernos dictatoriales, otras huyendo de la violencia, otras buscando un mejor estilo de vida, y escucho los relatos, los relatos de toda la odisea por la que pasan, exponiéndose al hambre, la sed, violaciones, secuestro, extorsión y grandes cantidades de dinero invertidas, donde muchos hombres, mujeres y niños mueren en el recorrido, truncando los sueños de las familias de llegar a un país desconocido para explorar una mejor calidad de vida.

Todo este panorama desolador me lleva como cristiana a reflexionar en los modelos, alternativas y oportunidades que verdaderamente se venden como un "futuro mejor"; para las familias, que aún llegando a su destino final quedan en un estado de frustración, decepción, cansancio emocional y muchas de ellas terminan fracturadas y en dolor por causa de todo el recorrido oscuro que han tenido que atravesar para llegar a un país y comenzar desde cero, sin recursos económicos, sin protección emocional para superar el amargo viaje, donde los que llevaron la carga de la decisión terminan haciendo inventario de las dolorosas perdidas, y que sin pensarlo al pasar el tiempo las familias ya fracturadas comienzan a hacer reconstrucciones sin un modelo direccional que les pueda dar estabilidad emocional, física y espiritual. De tales situaciones familiares emergen los divorcios, adulterios, nuevos matrimonios, hijos separados de sus padres biológicos, hijos criados por abuelos, tíos o primos, padres sustitutos, padres e hijos que se pierden en el camino de la delincuencia, las pandillas, la droga y el alcohol, algunos terminando en cárceles.

La reflexión en mis líneas basada en el tema es: ¿será el mejor modelo para estas familias en necesidad?. En estos últimos años ha quedado evidenciado el caos que produce todo este proceso en un alto porcentaje de estas familias que termina siendo devastador.

Si analizamos un segundo modelo para las familias hoy, núcleos que ya tienen una estabilidad económica con todas las comodidades que una sociedad materialista como la nuestra nos ofrece, donde vales por lo que tienes y no por lo que Dios dice que somos, donde los integrantes de las mismas se esfuerzan cada vez más por abnegarse a vivir en el estándar demandado por los círculos sociales, amigos, redes sociales, donde no importa venderle el alma al diablo para aparentar lo que no se es; concluyo de acuerdo a las estadísticas reales de encuestadores serios, de acuerdo a los resultados visibles y palpables cerca del patio de nuestra casa con amigos y familias destruidas, de acuerdo a tanta consejería por años que hemos tenido que dar a matrimonios en crisis, que las rupturas matrimoniales y familiares se han convertido en un problema de salud pública por causa de pensar que el materialismo es la mejor propuesta para proveer estabilidad en los hogares. Este es un modelo fraudulento que le da un suspiro, pero no produce el oxígeno suficiente para los hogares.

Así como estos modelos anteriormente expuestos, la sociedad nos presenta una serie de alternativas para la construcción de nuestras casas; sin pasar por alto el de la inmoralidad aberrante que está llevando a los gobiernos a aprobar a través de leyes para amparar los aberrantes pensamientos que alejan cada vez más a las familias de Dios y su santa palabra: la Biblia; que están destruyendo las bases fundamentales de protección del ser humano, basado en el diseño divino de creación y unidad entre un hombre y una mujer bajo el vínculo del matrimonio para cuidar física, emocional, y espiritualmente a quienes serían los integrantes de este vínculo sagrado.

Cada familia tiene el derecho legítimo de adoptar el modelo que desee para formar este núcleo, cada pareja decide en libre albedrío que materiales usar para realizar dicha construcción, cada padre tiene la potestad de elegir la educación de los hijos, claro que sí; todos somos libres de decisión; el problema surge con la calidad de solidez en los resultados arrojados por causa del patrón adoptado.

Cuando reviso las escrituras encuentro a través de la Biblia que Dios el creador de la familia siempre ha estado interesado en proteger lo que él estableció en el huerto del Edén, el ideólogo de esta institución sagrada que muchos han querido destruir a través de sus modelos, deja sus planos divinos para levantar columnas fuertes que ni los vientos, ni las lluvias, tempestades, ni modelos mundanos, ni el infierno la derriben, por eso es que todo nacido de nuevo debe conocer lo que su creador dice en su palabra en todas las áreas de la vida, incluyendo el hogar.

En mis próximas líneas me centraré en el Salmo 127, versículos 1 y 2, porque en el mismo Dios nos está dejando instrucciones que nos ayuden a bridar a las personas que más amamos. Nos habla a través de un padre llamado David, quien le escribe este cántico del que no sabemos la música, pero si la letra a su hijo Salomón, con el propósito de instruirlo para la carrera como hombre y no como el futuro monarca de Israel. La considero una carta íntima de un padre a su hijo, pero que se hace pública para todo aquel que desea levantar un núcleo familiar con el diseño correcto que provee estabilidad y deja herencias con propósito.

En estos dos versos este padre le habla a su hijo acerca de lo que no tiene valor genuino, le refiere que el mucho esfuerzo direccionado de forma incorrecta, lo que deja es fracaso, dolor, perdidas, despropósito y muchas veces destrucción; resultados como los que les expuse al inicio de este capítulo de tantos inmigrantes que terminan con hogares en tragedia. David le dice a su hijo: Si Jehová no edificare la casa, En vano trabajan los que la edifican; Si Jehová no guardare la ciudad, En vano vela la guardia. 2 Por demás es que os levantéis de madrugada, y vayáis tarde a reposar, Y que comáis pan de dolores; Pues que a su amado dará Dios el sueño. Salmos 127:1-2 (RVR1960).

Si hago un análisis de estas palabras en lo que yo le llamo una carta privada a un hijo que es publicada, deduzco de acuerdo a mi apreciación que el sentido de dejar estas líneas que también nos ayuda a nosotros es que David quiso dejarle a Salomón el modelo correcto que le daría victoria como hombre, no como monarca sino como hombre, quien construiría y establecería una familia. El padre preocupado por el futuro de su hijo, deseaba darle instrucciones espirituales para que no atravesara por el fracaso familiar que él atravesó.

Recordaba las palabras que en su lecho de muerte le dice a su hijo: "esfuérzate, y sé hombre". 1 Reyes 2:2 (RVR 1960); considero que son palabras significativas en las que, como antes dije, no se refieren en nada a su sucesión monárquica, sino a su función como líder y protector de familia, en mi análisis personal, así como estas últimas palabras y las de este hermoso cántico del Salmo 127 son letras con un sentido de privacidad familiar, expuesta en público a través de las Sagradas Escrituras, creo que David estaba aprovechando la oportunidad de inyectar en su hijo el modelo que él mismo no pudo implantar en su vínculo más cercano: Su familia. ¿Por qué digo esto?, porque la historia me dice que el mayor fracaso que experimentó David fue su fracaso familiar, a pesar de ser el hombre conforme al corazón de Dios, es público y notorio según la Biblia que este hombre sufrió muchos desaciertos en su vida personal; siendo público por Dios no para avergonzar a este hombre de un corazón de acuerdo con su Señor, lo hace a nuestra vista para que nosotros así como se lo deja a Salomón no cometamos los mismos errores que él cometió.

En este cántico para Salomón le dice: Si Jehová no edificare la casa, "En vano trabajan los que la edifican..." En palabras parafraseadas: quiero ahorrarte los dolores que yo experimenté en casa por no tomar la mejor propuesta para la vida familiar: el modelo divino. David fue un gran monarca, es verdad, fue un hombre de guerra con grandes batallas ganadas, sí, fue un gran gobernador del pueblo de Israel, es verdad; pero fracasó en su vida familiar, con un gran haber de perdidas: adulteró con Betzabé el asesinato de Urías el esposo de su amante, un embarazo no planificado, el niño muerto, una hija violada por su medio hermano, un hijo asesinado en manos de su hermano, un hijo que usurpa el trono. Me imagino a David en los días de su ocaso haciendo un inventario familiar, concluyendo que solo le dejó dolor, amargura y desolación en silencio al ver su familia destruida, donde solo le quedó la esperanza de llenar el corazón del su hijo Salomón del proyecto que le ayudaría a hacer la mejor construcción de su hogar.

Salomón: "es en vano" amigos lectores: "es en vano", es inútil, sin provecho, en balde, sin razón, sin resultados, para nada, es un fracaso construir sin establecer el modelo bíblico; y es debido a eso que las familias están siendo destruidas por propuestas contrarias a lo establecido por aquel quien se constituye creador de la familia, él es el arquitecto y él tiene los planos, y si queremos hogares estables tenemos que ir al manual del fabricante y conocer el proyecto de Dios para nuestras casas, y lo mejor de todo no es solo que lo deja revelado sino que él personalmente desea ayudarnos; de lo contrario estamos perdiendo el tiempo.

Encontramos a David exhortando a Salomón extensivo a nosotros con un segundo "en vano"; diciendo: "Si Jehová no guardare la ciudad, En vano vela la guardia...". Este varón de guerra sabía con experiencias de grandes batallas, quien era el que guardaba a Israel, estaba seguro de quien le daba la victoria en cada enfrentamiento con los enemigos para proteger al pueblo, sabía que era Jehová el fuerte, y valiente, el poderoso en batalla. Este concepto que el padre le deja a su hijo es el que debemos adoptar para inculcarlo a los nuestros.

Cuando escribía este capítulo ví la noticia de un niño captado por cámaras que reseñaba lo siguiente: En pañales y jugando con un arma de fuego estuvo un niño de 4 años que puso a su padre en aprietos. El menor deambuló por un área común en un complejo de casas en Beech Grove, Indiana, según una cámara de seguridad. Tras el escándalo, su progenitor ha sido acusado de negligencia durante el cuidado del menor. El arma estaba cargada. Enero 18/23. Son las noticias que diariamente acaparan titulares, porque cada día más hogares se están armando a causa de una supuesta protección de sus vidas y bienes materiales; pero si hacemos un análisis como de manera personal hago para ver resultados y sacar conclusiones, todo este enfoque desenfrenado de cuidar y guardar ha desencadenado más inseguridad, violencia, furia y muerte, tomando cada quien la justicia en sus manos y que dejará en años futuros una generación de jóvenes armados, peligrosos y violentos.

Quiero dejar plasmado en este libro unas palabras que en oración el Señor le dio a mi esposo de los acontecimientos en un futuro en nuestras ciudades de esta nación americana, las palabras dicen así: Habrá crímenes violentos en masa, serán noticias, habrá un despertar de la violencia nunca antes visto, será confuso, habrá crímenes de odio. No hay derechos que reclamar, solo pasividad que no despierte pasiones de violencia. Estas son palabras muy fuertes dadas en oración el 11 de agosto del 2021 y que las mantengo vigentes en mis escritos y mi corazón. Dios nos advierte como su pueblo los tiempos en que estamos viviendo y en los que nos ha tocado construir familias, para que nos preparemos y entendamos que "en vano vela la guardia", vemos la realidad de la desobediencia civil donde ya ni la investidura de la policía, guardianes de nuestras ciudades está siendo irrespetada y atentando contra sus propias vidas.

La iglesia de Jesucristo y cada familia cristiana juega un papel relevante para traer paz a nuestras ciudades, tomando las instrucciones bíblicas de Jeremías que dice: "Y procurad la paz de la ciudad a la cual os hice transportar, y rogad por ella a Jehová; porque en su paz tendréis vosotros paz". Soy firme al creer que no necesitamos vivir armados para defendernos con pistolas como lo vemos hoy de moda, en una crisis que más que resguardar se ha convertido en acceso fácil a la violencia. Si le enseñas a tus hijos a manejar un arma, difícilmente podrá aprender a depositar su confianza en Dios.

Así que es sin sentido poner la confianza en las propuestas de una sociedad sin Dios, es "en vano", es mejor poner nuestra confianza en Dios, así como lo dice el salmista: "He aquí, no se adormecerá ni dormirá El que guarda a Israel". Salmos 121:4. Las palabras de este padre le quedaron muy claras a su hijo, porque al revisar la historia del reinado de Salomón, el pueblo vivió tiempos de paz.

Encontraremos al final del verso 2 del Salmo 127 un tercer "en vano"; diciendo: "Por demás es que os levantéis de madrugada, y vayáis tarde a reposar, Y que comáis pan de dolores; Pues que a su amado dará Dios el sueño". Este canto no solo son consejos, son palabras de sabiduría para vivir, verdaderamente creo que es lo que escasea hoy en muchas casas, hogares aún cristianos, hay ausencia de esencia de sabiduría, discernimiento, sentido común, conocimiento de Dios que ha dejado a muchos integrantes comiendo este tipo de alimento, como el caso de este padre con su familia que tal vez escribe estas líneas con lágrimas, con el amargo peso de la culpa que lo dejó comiendo pan de dolores por haber dejado a sus seres amados sin el diseño divino, donde tal vez los ingredientes principales fueron el descuido, la indiferencia, la falta de autoridad, la ausencia de instrucción, creo que David se ocupó del trono pero no de su casa. Pienso que muchos hoy podríamos ser los protagonistas de este drama real.

Me hago un cuadro mental y pienso en las temporadas en que David experimentó dolor después de unas largas jornadas de batallas y fracasos familiares, y quien sabe por qué la Biblia no lo dice, cuántas oportunidades sentado en su comedor del palacio real con sus sirvientes atendiéndoles, cansado de la jornada y de los desaciertos de su vínculo privado con los platos más exquisitos de la región de Israel delante de él no pudo comer por el dolor, entre tantos momentos está el de una hija violada por su hermano Amnon, o la temporada de luto en que tal vez no pudo probar un bocado por la pérdida de su hijo a manos de su hermano vengando la violación de Tamar su hija, de los días cuando se enfrentó a la traición y muerte de su otro hijo Absalón. Creo que este padre de familia tuvo que verse enfrentado en muchas ocasiones a saborear las tragedias, el luto, los desaciertos. Bien acertada es la exhortación de David para Salomón extensivas a nuestras

vidas: "De nada sirve trabajar de sol a sol y comer un pan ganado con dolor, cuando Dios lo da a sus amigos mientras duermen". (Salmos 127:2 DHH).

Amigos lectores cuando no hacemos las cosas de acuerdo al modelo divino, estamos perdiendo el tiempo en una construcción que puede ser destruida por la insensatez de nuestra parte. Tomar atención de los fracasos de otros es de sabios, y la Biblia deja en sus líneas los fracasos de los hombres de Dios para ayudarnos a tomar las mejores decisiones para la vida familiar, Dios no quiso avergonzar a estos hombres de fe, no quiso poner en deshonra al hombre conforme al corazón de Dios, quedó registrado entre otras razones para ayudarnos a no cometer los mismos errores. Seamos cristianos sabios, aferrados a las verdades escriturales, obedientes a sus estatutos, entreguémosle nuestras familias al creador para poder ver la victoria.

Si el SEÑOR no edifica la casa, en vano se esfuerzan los albañiles. Si el SEÑOR no cuida la ciudad, en vano hacen guardia los vigilantes. En vano madrugan ustedes, y se acuestan muy tarde, para comer un pan de fatigas, porque Dios concede el sueño a sus amados. Salmos 127:1-2(NVI)

# CAPÍTULO CUATRO

## El crecimiento de la prole. . .

$\mathcal{M}$ientras estoy aquí escribiendo, sentado en la sala de la casa, puedo ver el brillo del sol que ha ido aumentando desde que tomamos nuestro desayuno del día de hoy, ya son más de las 12 del mediodía y viene a mi memoria el texto bíblico que dice que la senda de los justos es como la luz de la aurora que va en aumento hasta que el día es perfecto. (Proverbios 4:18.) Y donde quiero hacer énfasis es en la palabra "aumento"; que no es otra cosa que sumar, crecer, expandir, hacer más grande, y de la misma manera que sucede con la luz del sol que aumenta y se expande su brillo, acontece con los miembros del grupo familiar. Nosotros comenzamos siendo dos, nació nuestro primer hijo y nos convertimos en tres, luego dos años después nació nuestra hija y fuimos cuatro, los años siguieron pasando y al casarse nuestros hijos nos convertimos en suegros, (Un Yerno y una nuera) llevando el número a seis, hace poco más de dos años nació nuestro primer nieto, produciendo otro cambio en nuestras vidas, y llevando el número de la familia a siete, y para cuando este libro esté en sus manos y usted lo esté leyendo, nuestro número de integrantes habrá aumentado a once, sí, a 11 miembros de la familia. Sorpresivamente, Dios hace expandir nuestra prole y la prole de nuestra prole más de lo esperábamos o imaginábamos. Y si los números de los integrantes le son confusos les voy a aclarar las sumas. Hace solo unos meses nuestra hija Raquel nos dio la impactante noticia, que de nuevo iba a ser mamá, así que nuestro nieto en el 2023 deja de ser el único para convertirse en el hermano mayor de 4 (cuatro) hermanos. No, no está leyendo mal, nuestra hija nos informó que su actual embarazo es de CUATRILLIZOS... De manera que estamos esperando por cuatro nuevos nietos que confiamos que vienen con la bendición del Señor nuestro Dios, todos de una vez. ¡Y ZÚAS! Sin pensarlo (ni planeábamos) la familia se extiende a 11.

Quiero que lea conmigo las palabras del Salmo 127 y los versículos tres al cinco que es parte de la canción del escritor que para nosotros es David y no Salomón quien las escribe:

3. He aquí, herencia de Jehová son los hijos; Cosa de estima el fruto del vientre.

4. Como saetas en mano del valiente, Así son los hijos habidos en la juventud.

5. Bienaventurado el hombre que llenó su aljaba de ellos; No será avergonzado Cuando hablare con los enemigos en la puerta.

Cuando escucho a personas que definen a sus hijos como "errores", "problemas", "accidente", "fallo del anticonceptivo" y otras más, lo primero que intento es cambiarles esa definición por la definición que Dios les da. Según los versículos bíblicos que leímos del Salmo 127, Dios los llama "herencia de Jehová", "cosa de estima" otras traducciones dicen "recompensa", "regalos"; eso nos deja claro que Dios toma con gran importancia la gestación de un hijo. Cada hijo es una entrega de amor de su corazón a los padres que reciben ese regalo. (Y hay veces que envía cuatro al mismo tiempo). Creo que Dios es quien da la vida y pienso que no envía hijos de manera accidental. Debido a esto es que persigo el objetivo de poner en el corazón de la pareja que pongan a sus hijos los mismos títulos que Dios le otorga. Cambie su actitud acerca de sus hijos y véalos como un regalo de Dios, ámelos, aceptemos que no son perfectos, cometen errores, hacen cosas que nos hieren, pero no dejan de ser nuestros hijos. David escribe y reconoce que los hijos son un regalo de Dios, que son "frutos", así que dice que son los hijos, no "algunos hijos" lo que demuestra que son todos los hijos. A partir de este momento pídale a Dios que le dé un amor hacia sus hijos que logren que ellos se sientan atraídos hacia usted. Niéguese a recordar el dolor que le han causado, renuncia al sentimiento de justicia esperando que la decepción que usted ha tenido como padre, sea experimentada también por sus hijos en su vida adulta.

Si quiere un plan de ayuda sobre este asunto de ver a los hijos como regalos, herencias de Dios, piense en ellos individualmente, sus nombres, sus características físicas, color de los ojos, de la piel, el tipo de rostro, su temperamento, y recuerde que son ustedes los que han dado todo eso, le escogieron el nombre sin preguntarles si les gustaba, sus características físicas vienen de la unión de su genética como pareja, ellos solo la recibieron. Observe entonces sus talentos, descubra donde tienen más habilidades, vea sus clases de inteligencia y ayúdelos a enfocarse en lo que mejor hacen y anímelos a ser productivos donde realmente lo son.

De manera que al hacer esto, no solo nos veremos como padres que mantienen a unos hijos, sino que con la ayuda de Dios usted es parte de la formación de vidas útiles para un mundo que lo necesita.

Finalicemos este capítulo cuatro recordando el crecimiento de su familia, desde el inicio del matrimonio hasta lo que es en el día de hoy. Tome las palabras del versículo tres de este Salmo, "herencia", "cosa de estima" "fruto" y en los talentos que pudo apreciar de sus hijos, escriba el nombre de cada uno de ellos en hojas separadas (una hoja por hijo) y escríbale algo como esto: "fulano Dios te ha bendecido con la capacidad de... (cantar, o escribir, o construir, hablar en público, analizar con rapidez...) y quiero que sepas que como padre o madre me llena de alegría y lo que más quiero en la vida es que seas bendecido y te vaya bien".

Luego entréngueselos a cada uno por separado para que lo lean y de seguro que en casa se lo van a agradecer.

Oremos a Dios como nuestro buen padre:

Señor, acudimos a ti en oración porque sabemos que tú eres el dador de la vida, y te ha placido expandir nuestra familia y te estamos agradecidos. Te pedimos que cumplas tu propósito en cada uno de los que integramos esta familia y que luego podamos ser un instrumento en tus manos para ayudar a otros. Oramos en el nombre de Jesús. Amén.

# CAPÍTULO CINCO

## Flechas; no solo embriones.

*M*ientras escribo este libro, pude ver una transmisión de una noticia que me pareció apropiada para el contenido de este capítulo. Se trataba de una manifestación en contra del aborto en la ciudad de Madrid, en España. Esta manifestación es en apoyo a una propuesta de un partido político que consideran apropiado que las mujeres puedan escuchar el latido del corazón de su hijo desde su vientre antes de tomar la decisión de abortarlo.

Otro grupo totalmente en desacuerdo con esa propuesta salieron a manifestar en oposición, pues consideran que escuchar el latido fetal es un "chantaje emocional".

Textualmente, pude leer de un medio de comunicación que dice lo siguiente: "Cada mujer vive su embarazo a su manera. Unas quieren tenerlo y otra no, porque no es el momento, porque económica o es viable o simplemente porque tienen muy claro que no quieren ser madres". Además, pude leer que una Psicóloga considera que esa propuesta de escuchar el latido del corazón o ver una ecografía 4D no ayuda a que la decisión sea más libre, eso solo ayuda a que la mujer que quiera abortar a su hijo sienta "culpa, vergüenza, miedo e indecisión". Ella agrega que la decisión de abortar no es sencilla, es tremendamente pensada y difícil, así que no necesitan que les machaquen psicológicamente. Solo insinuarlo me parece atroz". Según la fuente, esta declaración es de la presidenta de la UNAF.

## LA ENSEÑANZA BÍBLICA ACERCA DEL BEBÉ NO NACIDO

Como pastor y maestro de la Biblia, considero importante que la sociedad pueda saber el mensaje bíblico, ya que tiene mucho que decir sobre lo que Dios dice acerca de un feto en el vientre. Tal vez se pregunte la razón por la cual considero este tema relevante para este libro, y le voy a explicar esa razón. Es porque considero que va en contra de los conceptos bíblicos, decir que porque un bebé no ha nacido, entonces no es aún un ser humano; y por aceptar esa idea que tiene a muchos defensores, es que hoy tenemos estadísticas reales que nos muestran que el lugar más inseguro y donde suceden los maltratos infantiles más numerosos es en el vientre de su propia madre. INCREÍBLE. El lugar donde debería estar más seguro y sentirse más protegido, es precisamente donde corre riesgos elevados de ser atacado, pues las corrientes de pensamientos sin Dios lo consideran como un derecho de cada madre, y ese derecho les permite decidir si lo deja con vida o no. No sé que piensa usted sobre esto, pero para mí es abominable.

## ¿UN EMBRIÓN NO ES UN SER HUMANO?

Veamos que nos dice la Biblia:

13. Porque tú formaste mis entrañas; Tú me hiciste en el vientre de mi madre.

14. Te alabaré; porque formidables, maravillosas son tus obras; Estoy maravillado, Y mi alma lo sabe muy bien.

15. No fue encubierto de ti mi cuerpo, Bien que en oculto fui formado, Y entretejido en lo más profundo de la tierra.

16. Mi embrión vieron tus ojos, Y en tu libro estaban escritas todas aquellas cosas Que fueron luego formadas, Sin faltar una de ellas. Salmos 139.

Al leer con atención esta porción de Las Sagradas Escrituras podemos entender que el feto es creado por Dios y le pertenece a Él y nos dice que ya es visto por su creador y todo es formado de acuerdo a su diseño. Así que dentro del vientre hay un espíritu, un alma y se está formando un cuerpo.

Leamos otro pasaje de la Biblia en el libro del profeta Jeremías capítulo uno versículo cinco:

Antes que te formase en el vientre te conocí, y antes que nacieses te santifiqué, te di por profeta a las naciones. Jeremías 1:5

Este pasaje nos deja claro que aunque para la ciencia solo es un embrión, Dios ya tiene un propósito con ese ser que está aún por nacer. En este caso Dios ve a un profeta. ¡Aleluya!

Quiero que leamos dos pasajes adicionales que nos ayudaran a ampliar el conocimiento de lo que Dios dice con relación a la vida dentro del vientre de la madre. El siguiente se encuentra en el libro de Génesis capítulo veinticinco y los versículos veintiuno al veinticuatro, veámoslo:

21. Y oró Isaac a Jehová por su mujer, que era estéril; y lo aceptó Jehová, y concibió Rebeca su mujer.

22. Y los hijos luchaban dentro de ella; y dijo: Si es así, ¿para qué vivo yo? Y fue a consultar a Jehová;

23. y le respondió Jehová: Dos naciones hay en tu seno, Y dos pueblos serán divididos desde tus entrañas; Un pueblo será más fuerte que el otro pueblo, Y el mayor servirá al menor.

24. Cuando se cumplieron sus días para dar a luz, he aquí había gemelos en su vientre.

Nos dice que Rebeca concibió gemelos después de haber sido estéril y ambos hijos luchaban dentro de su vientre, y podemos deducir que era un embarazo difícil para ella, al punto de decir que de seguir así no tenía sentido estar viva, y fue a consultar a Jehová, la respuesta de Dios a Rebeca nos dan una óptica de lo que Dios ve en el vientre de una madre.

"Dos naciones hay en tu seno, Y dos pueblos serán divididos desde tus entrañas", mientras las ideologías a favor del aborto discuten a partir de cuándo es un ser vivo y si un embrión es un ser humano, Dios el dador de la vida, el propietario legal del diseño de procrear dice hay "naciones y pueblos". Es por eso que creo y entiendo que el aborto es intentar frustrar los propósitos que Dios tiene con ese ser que es de su propiedad.

Dios dice que los hijos son flechas y esas flechas en manos del valiente irán al blanco, están codificados por Dios para ser útiles a la sociedad.

Y quiero un versículo más para fortalecer nuestra convicción bíblica sobre el embarazo.

Nos vamos al Evangelio según San Lucas en el capítulo uno:

39. En aquellos días, levantándose María, fue de prisa a la montaña, a una ciudad de Judá;

40. y entró en casa de Zacarías, y saludó a Elisabet.

41. Y aconteció que cuando oyó Elisabet la salutación de María, la criatura saltó en su vientre; y Elisabet fue llena del Espíritu Santo,

42. y exclamó a gran voz, y dijo: Bendita tú entre las mujeres, y bendito el fruto de tu vientre.

43. ¿Por qué se me concede esto a mí, que la madre de mi Señor venga a mí?

44. Porque tan pronto como llegó la voz de tu salutación a mis oídos, la criatura saltó de alegría en mi vientre.

Con este pasaje creo que no hay nada que añadir, él se explica por si solo. Así que podemos concluir que desde el vientre ya Dios ha trazado un plan para cada hijo.

Y ahora le pregunto, después de leer estos pasajes, ¿cuál es su posición sobre el llamado derecho de cada madre de interrumpir el embarazo e impedir que esa criatura nazca?

Oremos:

Señor, Dios creador y dador de la vida, gracias por dejarnos tu poderosa palabra escrita para que podamos saber tu voluntad, gracias que por tu palabra entendemos que nuestra norma no la dictan los hombres para determinar lo que es correcto y lo que no lo es. Gracias Padre, oramos para que podamos ser una influencia a un mundo que va a la deriva. Te lo pedimos en el nombre de Jesús, amén.

## CAPÍTULO SEIS

# En manos del valiente.

*C*uando nuestros hijos tenían unos 10 y 8 años, Dios nos permitió comprar en nuestro país Venezuela un apartamento en la playa. Las primeras veces que fuimos a esas playas nos quedábamos en una casa ubicada en un área exclusiva, totalmente equipada, que era propiedad de la empresa para la cual yo trabajaba y que era asignada por petición a los trabajadores de la empresa cuando tomaban vacaciones sin costo alguno una vez por año, por un periodo máximo de 14 días. Cuando la casa estaba disponible debido a no ser solicitada por ningún empleado, nos lo dejaban saber a los empleados a través del departamento de recursos humanos. Como a nosotros, los cuatro miembros de la familia Massi, coincidíamos que disfrutábamos mucho el lugar, entonces buscábamos las ocasiones donde había disponibilidad para pasarnos unos días lejos de la Capital, que era donde vivíamos. Estando en unos días de playa en el lugar, vimos un anuncio que decía que uno de los propietarios tenía en venta un apartamento y nos interesamos solo por querer saber cuanto era el precio, después de varias conversaciones logramos un acuerdo para la compra y el día de la firma y al darme las llaves, me quedaron grabadas unas palabras que me dijo la propietaria (Había quedado viuda): -Sr. Massi, aquí están las llaves, disfrútelo ahora que puede hacerlo, aproveche que sus hijos están pequeños y aún quieren venir con ustedes, pues dentro de unos pocos años ya no querrán venir más a este lugar". Me sorprendieron sus palabras, no las esperaba, y además pensaba que eso no iba a ocurrir, pero no quise alargar más la conversación sobre ese asunto. Ella, aun con sentimientos de tristeza por los recuerdos que tenía del lugar, agregó: -Con los niños pequeños... problemas pequeños, con hijos grandes... problemas grandes".

Han pasado muchos años de ese acontecimiento, pero todavía las palabras siguen siendo recordadas. Y tengo que admitir que fueron palabras certeras, pues lo primero que aconteció que unos años más adelante, ya no había el mismo interés, íbamos una vez al mes, luego cada dos meses, después planeábamos, pero no íbamos y entonces las palabras de la ex propietaria eran una realidad para nosotros. Nuestros hijos ya no querían ir al lugar. Sus intereses habían cambiado.

## SER PADRES ES UNA LABOR ARDUA

Todos estamos conscientes de que el modernismo ha logrado producir cambios en la relación padres e hijos. Además, la facilidad de exposición a las opiniones de "expertos" e "influencers" ha hecho que nuestro mundo hoy no tenga rumbo cierto. Los modelos de familia hoy son confusos, cuando hablamos de la autoridad que los padres tienen sobre los hijos, inmediatamente aparecen los movimientos críticos y enemigos de las estructuras tradicionales, diciendo que eso debe ser abolido, pues les produce un daño emocional a nuestros hijos. Según esos daños son por corregirlos y disciplinarlos. Además, los psicólogos humanistas enseñan que por querer imponer nuestras ideas y querer mostrarles a nuestros hijos que malas las acciones dejan malas consecuencias, solo trae como resultados que tengamos hijos inseguros y con baja autoestima. Todas estas cantidades de voces, opiniones, charlas, videos y artículos han llevado a los padres a preguntarse que es lo deben hacer para no fracasar. Escucho con frecuencia en nuestras conferencias, predicaciones y retiros a padres que nos dicen que no saben qué hacer. Padres que nos dicen: ¿Les compro un celular a mi hija adolescente? ¿Cree que debo dejar a mi hijo tener novia cuando solo tiene 15 años? ¿Pastor que piensa usted sobre dejar que mis hijos estén solos en sus cuartos a puerta cerrada? ¿Debo revisarles sus dispositivos o debo respetar su privacidad? Estas y muchas preguntas más nos demuestran la creciente confusión que existen en muchos hogares. Esto sin mencionar las drogas, la deserción escolar, la pornografía, la actividad sexual, los embarazos, las pandillas, las malas amistades, el suicidio y paremos de contar.

UNA AFIRMACIÓN PARA NO OLVIDAR.

No estoy de acuerdo con los extremos, como padres cristianos pienso que necesitamos equilibrio entre la confianza y la supervisión. Debemos pedir a Dios la sabiduría para saber cuándo actuar bajo una o la otra. De ahí que quiero proponerle un plan de acción basado en las palabras del cántico de David para su hijo Salomón. (Nosotros consideramos que David es el autor del Salmo 127. Hay quienes consideran que fue Salomón).

Leamos el versículo cuatro de este Salmo:

"Como saetas en mano del valiente, Así son los hijos habidos en la juventud"

Aquí el escritor compara los hijos con saetas, nos dice que los hijos son flechas en manos del valiente.

Es mi deseo que esto les ayude a recibir ánimo en su labor como padres. Veamos, la Biblia nos dice que los hijos son como flechas, y nos dice que esas flechas están en manos del valiente. La pregunta es: ¿Quién es el valiente? Mi esposa y yo siempre hemos asumido que nosotros los padres somos ese valiente. Sin embargo, ahora después de investigar, de leer y escuchar a otros expositores, pudimos entender que los padres no son mencionados de manera directa en el Salmo. Leyendo el Salmo nos dicen que los hijos son flechas, en plural, y nos dice que esas flechas están en manos del valiente, que está en singular. La mención del singular nos permite llegar a la conclusión que no se refiere a la pareja. ¿Entonces quien es el valiente? Queremos decirle que el valiente es Jehová, es Dios, el Guerrero. En el Salmo 24 en los versículos siete al 10 lo muestra así:

7. Alzad, oh puertas, vuestras cabezas, Y alzaos vosotras, puertas eternas, Y entrará el Rey de gloria.

8. ¿Quién es este Rey de gloria? Jehová el fuerte y valiente, Jehová el poderoso en batalla.

9. Alzad, oh puertas, vuestras cabezas, Y alzaos vosotras, puertas eternas, Y entrará el Rey de gloria.

10. ¿Quién es este Rey de gloria? Jehová de los ejércitos, Él es el Rey de la gloria. Selah

El Rey de gloria, Jehová el fuerte, Jehová el valiente, Jehová el poderoso en batalla. Otras traducciones de la Biblia mencionan al valiente como el guerrero. De manera que los hijos son flechas y el valiente es Dios. Así que eso nos permite saber que nuestros hijos no están en cualquier mano, al contrario, están en manos del Rey de gloria, Jehová de los ejércitos, en las manos del poderoso en batallas, el guerrero. ¡ALELUYA!

¿PUEDE USTED ALABAR A DIOS POR ESO? PUEDE DESCANSAR EN ESA AFIRMACIÓN? -MIS HIJOS ESTÁN EN MANOS DEL VALIENTE Y PODEROSO EN BATALLA.

Mis hijos son flechas y esas flechas van a ser lanzados por el Rey de gloria. En medio de la batalla que enfrentamos, nuestros hijos son armas de ataque. Con esa afirmación deseo que en medio de las preocupaciones que podamos tener, en medio de inseguridades y temores como padres, podemos ir al valiente y decirle en oración, son tu herencia, son flechas en tus manos y tengo la confianza que serán lanzadas al blanco correcto.

Le invito a orar:

Rey de gloria, Jehová de los ejércitos, te adoro y bendigo tu nombre, renuncio a la preocupación y a los temores que me atormentan acerca de mis hijos, descanso que tú los tienes en tus manos y allí serán lanzados al propósito que tu Señor tienes para ellos. Lo creo, pues tú nos prometes que como padres podemos clamar a ti y tú nos vas a responder. Gracias Rey Jehová, oramos con agradecimiento en el nombre poderoso de Jesús, amén.

Después de hacer esa oración, quiero obligarles a hacer algo que últimamente se ha perdido, y es obligarlos a pensar. ¿Si el guerrero es Dios y las flechas con los hijos, qué papel juega la pareja? ¿Por qué no se menciona a los padres?

Bueno, después de pensar en respuestas, pasemos al siguiente capítulo.

# CAPÍTULO SIETE

## ¿Dónde están los padres?

¡Esto sí que es un título interesante! Y especialmente después de terminar el capítulo anterior, obligándoles a pensar, sí, a pensar en esa respuesta. Al regresar al Salmo 127:4 donde ya hemos visto que aparecen nuestros hijos como flechas, que aparece el valiente que es Jehová el guerrero, surge entonces la pregunta: Y la pareja, por qué no se menciona?

Para tener una respuesta unida al pasaje tendremos que pensar en esto: Si el guerrero va a la batalla a pelear contra el enemigo llevando las flechas guardadas en su espalda dentro de la aljaba,

¿Con qué va a lanzar las flechas? ¿Con las manos? Sabemos que en una batalla contra el enemigo, se necesita un instrumento para lanzar las flechas, ya que no se lanzan con la mano. ¿Qué necesita el guerrero para lanzar las flechas? Sí, obvio, necesita un arco. Es allí donde aparecen la pareja en el escenario. Es tan obvio que no se menciona de manera directa, está sobrentendido, al haber hijos tiene que haber padres, así que la pareja es ese instrumento compacto que necesita el valiente para lanzar las flechas.

Entonces concentrémonos en la pareja que es el arco. Pensemos, ¿cómo está compuesto el arco? Lo compone una vara y una cuerda. Dos elementos distintos, materiales diferentes, cuerda y madera. Es el diseño de Dios. "Varón y hembra los creó...

Leamos lo que el Señor Jesucristo dijo a los fariseos en San Marcos 10:6-8:

6. pero al principio de la creación, varón y hembra los hizo Dios.

7. Por esto dejará el hombre a su padre y a su madre, y se unirá a su mujer,

8. y los dos serán una sola carne; así que no son ya más dos, sino uno.

9. Por tanto, lo que Dios juntó, no lo separe el hombre.

Excelente esa respuesta del Señor Jesucristo que nos permite ver el modelo de Dios en el escenario del Salmo 127:4.

Una vara, cortada de un árbol, (rústica), sólida, fuerte, que es la representación del varón. Una vara, un varón.

Una cuerda, cortada de una madeja, suave, flexible, que es la representación de la mujer. Una cuerda, una mujer. Y a manera de chiste mi esposa y aceptamos que es la representación apropiada, una cuerda, una mujer. Pues, claro, la mujer es más cuerda... y como hombres debemos reconocer que es verdad. Ella pensando en el futuro, en guardar, asegurar y los hombres en ganar, ganar y ganar, aunque no sabemos qué, pero lo importante es ganar... aunque sea peso corporal, con tal que sea ganar. Ja, ja, ja, así son las cosas.

Ahora viendo ya la figura de la pareja en el arco entendemos mejor la matemática de Dios, los dos serán una sola carne, no serán más dos, sino uno. Así que para Dios, 1 más 1 es igual a 1. No dos.

Veámoslo en el arco: Una vara más una cuerda es igual a un arco. Un instrumento compuesto por dos materiales distintos con un propósito definido, lanzar flechas. Así que el valiente requiere el arco para lanzar las flechas. Entonces es aquí donde cobra más importancia el cuidado del arco, pues nuestros hijos llegaran tan lejos como el arco lo permita. Matrimonios, padres, quiero que en este mismo momento piense, sí, piense, piense en sus hijos, y a donde quisiera que ellos llegaran. Piénselo, si de verdad ama a sus hijos, la mejor forma de demostrárselos es cuidando la fuerza de lanzamiento del arco, si el arco se debilita, la vara se resquebraja o la cuerda se pierde la tensión, entonces nuestros sufrirán las consecuencias. Escucho a muchos padres decirme que para ellos sus hijos son lo más importante; sin embargo, a veces veo cuadros que llevan a pensar: "y eso que son lo más importante... como será cuando ya no le importen". Por favor pareja, por favor padres (vara y cuerda), cuando algo importa se demuestra con hechos. No son solo palabras, importancia es demostrada con acciones. Entonces la importancia de cuidar el arco, su unión de pareja, es porque sus hijos si importan, y entonces a través de nuestra permanencia matrimonial lograremos que nuestros hijos sean lanzados a la sociedad y ellos llegaran más allá que donde nosotros hemos llegado.

## COMO PAREJA, NO COMPETIMOS, NOS COMPLEMENTAMOS.

La vara necesita la cuerda, pues es en la cuerda donde se apoyan las flechas para ser lanzadas. Pero la cuerda necesita la vara porque la tensión que produce la cuerda cuando va a ser lanzada la flecha la soporta la vara. La cuerda produce el apoyo para la flecha y la vara recibe la fricción de la salida de la flecha. Es una combinación dentro del hogar, la ternura y la corrección, ambos preparan a las flechas para que estén derechas, firmes, pues si la flecha está torcida así será su recorrido.

Cada varón como padre debe aceptar que si se suelta de la cuerda los hijos no serán lanzados de forma correcta. Cada cuerda debe aceptar que si se separa de la vara las consecuencias las pagarán nuestros hijos. DE MANERA QUE SI REALMENTE AMA A SUS HIJOS DEBEN CUIDAR EL ARCO.

Y entiendo que a todos nos llegan tiempos difíciles, que las cosas no resultan siempre como las deseamos. Eso es parte de la vida; sin embargo, quiero que entendiendo que ustedes como pareja son el arco, y entendiendo que las situaciones están debilitando la unión, justamente allí en los extremos donde el material cambia de madera a cuerda, es donde sufre el arco, son nuestras diferencias las que pueden frustrar el lanzamiento de nuestras flechas. ¿Entonces que debemos hacer? Varón y hembra, vara y cuerda, como arco que se ha debilitado, vayamos a las MANOS DEL VALIENTE y pidámosle su ayuda. JEHOVÁ, el poderoso en batalla, reconozcan que necesitan mantenimiento, en sus manos el arco es fortalecido para continuar el plan, es lanzar hijos, para que lleguen a donde nosotros no pudimos llegar.

Llame a su cónyuge, dígale las conclusiones a las que usted ha llegado con la lectura de este capítulo y déjele saber su convicción, su seguridad de que usted reconoce que sus hijos necesitan el buen ejemplo, la permanencia del matrimonio y su modelo de arco para protegerles el futuro. Hágalo, pues recuerde que cuando algo importa se demuestra con acciones.

Las memorias más significativas que se llevarán sus hijos cuando se vayan de casa para hacer sus vidas independientes, son las de un hombre llamado papá y la de una mujer llamada mamá, que unidos han formado un arco. Todas las demás memorias son irrelevantes en comparación al modelo del matrimonio de sus padres.

Voluntariamente y con sus propias palabras le invito a que se ponga de rodillas y deposite todas sus cargas en las manos del valiente, Jehová Dios, el Poderoso en batalla.

# CAPÍTULO OCHO

⁓⌇⌇⁓

## Sabiduría para solteros.

*L*os cristianos de hoy hemos sido motivados a envolvernos en el mundo de las apariencias, el acceso fácil al internet, el auge de las redes sociales y la manera de vivir acelerada, no ayuda para cultivar la búsqueda de la fortaleza espiritual y menos a revisar nuestras creencias para una vida piadosa. Creo que la mayoría de los que leemos estas palabras las creemos y de ser necesario hasta pelearíamos por presentar defensa, pero nos guste o no, debemos reconocer que en nuestra vida privada no las vivimos. Hemos sido anestesiados por el entretenimiento, narcotizados lentamente por series, videos de comedias hasta el punto de reírnos y hasta compartir en nuestras páginas sociales asuntos totalmente opuestos a nuestros principios de santidad.

Nosotros por nuestro trabajo pastoral y ministros cristianos itinerantes entramos en contactos con muchas personas. Luego de terminar nuestras predicaciones bíblicas, conferencias sobre los estándares de la vida matrimonial y nuestra visión como padres en lo que se refiere al modelo bíblico, es común que muchos de los oyentes se nos acercan para hacernos preguntas en privado y en esas conversaciones podemos apreciar que se encuentran en graves crisis. Mientras escribimos este libro, ambos, mi esposa y yo hemos conversado de los casos que hemos atendido en nuestra labor de orientación, de apoyo a los matrimonios y familias y las situaciones reales en un periodo de unas tres semanas son tristes. Una esposa nos dice que después de pasar un tiempo de vacaciones juntos como pareja y pasarla muy bien, en menos de 10 días de estar ya de regreso a su casa, el esposo le dice que está enamorado de otra mujer y que ya no quiere ocultárselo más. Así de sencillo. Unos padres confiaron en un familiar para que se quedara en casa y aprovechándose de esa confianza abusó sexualmente de su hija mayor. Un esposo me confiesa que está destruido, pues su esposa le pidió dinero para ir a su país de origen a ver a su madre que estaba muy enferma y luego descubre que el dinero fue usado para irse a un lugar con otro hombre que era su amante. Un pastor joven con una congregación en ascenso recibe la noticia que su esposa tiene cáncer y los pronósticos de vida es de solo semanas. Un padre cristiano con una empresa para trabajo de construcción, me dice que uno de sus empleados de más confianza decidió irse llevándose a otros empleados para crear su propia empresa y ofrecerles trabajos a sus mismos clientes por un precio más bajo. Ese empleado era su hijo.

Y esto es solo una pequeña parte de lo que nosotros atendemos, multiplicando eso por los 12 meses del año tenemos que reconocer qué hay mucho dolor en el mundo.

Todo esto me obliga a tener que decir que la vida es dura, es difícil, y sé que al escribir eso muchos lectores de los que solo están acostumbrados a que solo se les diga clichés o frases que suenan muy bonitas, pero que no que eliminan nuestras batallas como seres humanos. Esas declaraciones proféticas carentes de realismo, que producen falsas expectativas y exponen a muchos creyentes a la ingenuidad de esperar solo resultados positivos sin nosotros crear un plan de trabajo de resistencia y de real preparación espiritual, esos clichés deben ser usados con cautela y discernimiento, pues no ayuda a las batallas que libramos en el mundo espiritual. Tal vez las haya oído: "Lo mejor está por venir", "Eres un vencedor", "Este es el año de la bendición", "Los Judas se ahorcan ellos solitos" y así en medio de reuniones de adoración a Dios, salimos con mucha adrenalina y altamente motivados por los gurús de entretenimiento cristiano para enfrentarnos a la realidad de nuestra vida de hogar.

Todo esto lo escribo para eliminar esas expectativas no bíblicas de automáticas bendiciones, de exitosos hogares al amanecer, y ayudarles a proteger con acciones preventivas y con perseverancia en Dios lo que tiene prioridad, nuestra familia. Así que basado en las palabras del Salmo 127 y la figura de arco y flechas en las manos del valiente, le expongo un escudo de protección a los solteros. Veamos el orden de Dios, según el libro de los comienzos, Génesis, en el capítulo dos y el versículo veinticuatro, dice:

24. Por tanto, dejará el hombre a su padre y a su madre, y se unirá a su mujer, y serán una sola carne.

Si bloqueamos todo el bagaje lanzado sobre nuestros hijos con el fin de desviarlos de los planes de Dios y abrazamos el diseño de Dios encerrado en este pasaje del Génesis, no tendremos ninguna duda que todo soltero que anhela agradar a Dios con su entrega tiene aquí todo lo necesario para ayudarles en la hora de la decisión.

Ahora bien, eso es la vida cristiana, y precisamente de eso es que es trata este capítulo. Como ve, padres, nuestros hijos que son flechas, deben ser lanzadas; por favor madres, tengo esto muy claro, LAS FLECHAS SON PARA LANZARLAS, NO PARA COLECCIONARLAS. Sin lugar a dudas son flechas enviadas para convertirse también en varas y cuerdas para formar nuevos arcos. Por lo tanto, el principio bíblico es "dejar ... y unirse". Así lo quiso Dios.

EXPECTACIONES REALISTAS.

Comienzo el consejo para pensar, pensar?, sí, de nuevo a pensar, "soy una cuerda y voy a unirme a una vara, voy a formar un arco". Eso es excelente. Una cuerda con una vara. Y ya hemos visto en el capítulo anterior que la vara representa al varón y la cuerda a la mujer. Varón y hembra nos creó Dios. Y como este libro trata de la vida cristiana, basada en las Sagradas Escrituras, eso es lo que creemos, por encima de lo que digan los modelos anticristianos, los llamados "expertos" nosotros creemos que es una vara para una cuerda; no es bíblico el decir: "es que pueden ser dos cuerdas" o la pregunta: Y por qué no pueden ser dos varas?. La respuesta ya la puede imaginar: Porque daña el diseño de lanzamientos de flechas, ya que dos cuerdas no pueden lanzar flechas, ni tampoco pueden dos varas.

Como ve, Dios todo lo hace perfecto. Y en nuestra búsqueda de sabiduría, entendiendo y aceptando definitivamente ese diseño de vara y cuerda para lanzar flechas, pasamos entonces a este asunto.

Soy una mujer y quiero a un varón para formar una familia, entonces la sabiduría bíblica está encerrada es que no puede ser cualquier varón. Usted como cuerda no puede unirse a cualquier vara, no una vara cualquiera, tiene que ser un varón, madera sólida, que tenga sus creencias fuertes, alguien que sale de su casa de soltero para formar un nuevo hogar como casado. Una vara cortada de un árbol que viene solo, que no trae otras ramas, que sale del núcleo sabiendo que lo dejó para unirse a usted como cuerda, no que trae a la mamá, a papá, a los hermanos, los sobrinos, los primos... no, viene solo, pues está demostrado que la "mamitis trae problemitis". Recuerde que con esa vara usted va a unir su genética para producir flechas, así que no puede ser cualquiera, revise como una cuerda, el árbol genealógico del que viene. Mire su familia, sus padres, hermanos, véale los resultados antes de construir un arco, pues sus flechas sufrirán las consecuencias. Y tal vez diga: Pastor, si lo viera, es alto, ojos azules, la sonrisa que me baja las medias, el abdomen como un chocolate de puro cuadritos... sí, eso está bien, no está mal, pero si no tiene solidez en sus principios, si la vida cristiana le es irrelevante, si cuando hay problemas no los resuelve sino que huye, cuando hay tensión explota, es fácilmente irritable, no es productivo económicamente, es inconstante en sus decisiones entonces te está diciendo sin lugar a dudas que esa no una vara para tus flechas. NO DEJE QUE LOS SENTIMIENTOS DOMINEN SOBRE LA RAZÓN. NO ES UNA BUENA MADERA, es Bambú, hueca, se parte fácilmente y al romperse el arco se pierden las flechas y tus hijos no lo merecen. Padres, ayudemos a nuestros hijos a buscar buenos materiales para la genética de nuestros nietos.

También quiero hablarles a los varones, preparados por sus padres para ser productivos en esta sociedad, preservados para la perseverancia de la santidad. Si estás poniendo tu interés en una joven también debes a la hora de la decisión revisar que tipo de cuerda es, recuerda que no es cualquier cuerda, debe ser de una buena madeja, que las hebras de hilo que la componen sean resistentes a las tensiones de la vida. Y tal vez digas: Pastor, si la viera. Una niña preciosa, unos ojos que enloquecen, ese cabello abundante y una figura... bueno para no alargar las descripciones, le digo una reina de belleza... sí, está bien, La niña es linda, pero hueca, vacía de proyectos futuros, sin aportes a tu necesidad de consejos útiles, preciosa, pero tapadita, hermosa, pero brutica, sin nada importante en el cerebro, solo puede hablar de cutis, de maquillajes, de cremas humectantes, cabello brillante y de ser como Shakira, imitar a las Kardashian's o parecerse a Beyoncé y seguir siendo seguidora de Rihanna. Eso no es lo que necesitas tú para formar tu arco, necesitas sensatez, sentido común, ayuda idónea para perseverar en medio de las dificultades, así que puedes aprender sabiduría sin tener que pasar por el dolor de la separación.

Hay muchos solteros y solteras que andan de iglesia en iglesia, en charlas, conferencias y son totalmente inestables para formar un hogar sólido.

Así que este capítulo lo dediqué a presentarte un panorama realista, que te ayude como padre o madre o tal vez como persona soltera a pensar con anticipación en los pro y contras qué hay dentro de una relación y unirte a una vara o una cuerda para perseverar juntos a través de las difíciles situaciones de la vida. Que Dios les bendiga en todo y les otorgue sabiduría en la hora de la decisión.

Concluyo este capítulo dejándoles este texto bíblico del libro de Santiago en el capítulo uno:

5. Y si alguno de vosotros tiene falta de sabiduría, pídala a Dios, el cual da a todos abundantemente y sin reproche, y le será dada.

Posiblemente, usted ha pensado qué hay sueños que ya no podrá lograr, y así lo sabemos mi esposa y yo; sin embargo, hay algo motivador e interesante, y es que donde termina el guerrero con el arco, allí donde ya no se puede avanzar más es precisamente donde comienza el recorrido de las flechas. Hasta aquí estamos llegando nosotros, pero desde aquí lanzaremos a nuestros hijos y a nuestros nietos para que los sueños que no pudimos alcanzar nosotros serán alcanzados por ellos. ¡ALELUYA!

## CAPÍTULO NUEVE

# Final del arco, comienzo de la flecha.

La mayoría de los padres y en especial a los padres cristianos padecemos una enfermedad habitual: tomar acciones sinceras con resultados adversos. Y cuando digo esto no lo digo con referencia a actos deliberadamente ofensivos a Dios, a acciones perversas, me refiero a que con buena intención nos equivocamos y decidimos de manera errada. Y muchas de estas acciones dejan recuerdos dolorosos para algunos por años y a otros de por vida. Y sé que este libro por tratar el tema de la familia puede provocar diferentes emociones. Tal vez a unos les fortalece el ánimo y son motivados a realizar un plan para recuperar lo perdido y tal vez a otros los pone a pensar sobre resultados no agradables y les hace sentir confusos. Y hay algo que aparece sin que lo llamemos y es un sentimiento de culpa por no haber sido los padres que quisimos ser. SER PADRES ES UN GRAN DESAFÍO. Y puedo decirles que con todo la buena intención y con los más grandes deseos que tenemos de hacer las cosas correctamente, al pasar el tiempo, que en el lienzo de la pintura familiar localizamos unos trazos con colores que dañan la armonía del cuadro. Es doloroso, pues nos preguntamos, en que momento nos salimos del boceto, cuando nos salimos del mapa y nos desviamos del recorrido? Y al no tener las respuestas totalmente claras, los sentimientos varían. Y muchos cometen el gravísimo error de culpar al cónyuge y trasladar la culpa sobre el otro.

Qué fantástico sería tener una nueva oportunidad. Pero no, no hay retroceso. No podemos cambiar el pasado, ahora nos queda trabajar para recuperar lo perdido. Y es aquí en esta etapa de la vida donde el principio de arco y flechas toma un matiz que nos puede producir ánimo, llevándonos a sentimientos de alegría al pensar que aunque no podemos cambiar el pasado, si podemos mejorar el futuro. El motivo por el cual escribo esto es para captar su máxima atención y disminuir la culpa.

COSAS QUE NOS AYUDARÁN.

En la figura del guerrero, con el arco en las manos del valiente, debemos entender que en medio de la batalla hay algo que debe ser tenido en cuenta. Nosotros, la pareja, el arco (vara y cuerda) sabemos que la prioridad en que las flechas lleguen al blanco.

Cuando ya estamos por terminar este libro, escrito por ambos, Yajaira y yo, estamos en la llamada tercera edad. Como lo hemos dicho en otras oportunidades, ya sabemos que tenemos más tiempo pasado que futuro. De manera que en nuestras conversaciones matutinas, a veces con una taza de café y comiendo unos huevos fritos, enteros, queso y rodajas de pan tostado, reconocemos qué hay sueños que no pudimos alcanzar, qué hay algunos que aún trabajamos por alcanzarlos y viendo los que ya alcanzamos nos proyectamos hacia nuestros hijos. Y vemos que ellos ya han alcanzado cosas que nosotros no pudimos y que siguen en el recorrido, ahora forman familias, crean empresas, ayudan económicamente a proyectos de iglesias.

## COMO UN ARCO IRIS DADO A NOÉ

Posiblemente, usted ha pensado qué hay sueños que ya no podrá lograr, y como lo ya mencioné, así lo sabemos mi esposa y yo; sin embargo, hay algo motivador e interesante, y es que donde termina el guerrero con el arco, allí donde ya no se puede avanzar más es precisamente donde comienza el recorrido de las flechas. Hasta aquí estamos llegando nosotros, estamos acercándonos al retiro, pero desde aquí lanzaremos a nuestros hijos y a nuestros nietos para que los sueños que no pudimos alcanzar nosotros, sean alcanzados por ellos. Mirar los resultados de nuestros hijos es un recordatorio del trabajo del arco, las flechas están en avance, y precisamente salen del lugar donde el arco se detiene para dar paso al recorrido de las flechas. Los resultados, los logros de nuestros hijos y nietos serán un recordatorio del trabajo hecho, ellos logrando los sueños que nosotros no alcanzamos. Y me recuerda la promesa de Dios a Noé, un arco, si precisamente un arco iris como señal de su promesa. ALABADO SEA JEHOVÁ DE LOS EJÉRCITOS.

## DIOS SIGUE BUSCANDO FAMILIAS.

Sé que es fácil ser dominado por el pasado, la Biblia nos muestras pasajes donde los protagonistas se enfrentan a pensamientos y emociones al mirar que los resultados son opuestos a los que esperábamos. El mismo escritor de uno de los Salmos, en el número 42, nos dice que tenía que hablarle al alma y obligarla a que le obedeciera. Leamos esto:

11. ¿Por qué te abates, oh alma mía, Y por qué te turbas dentro de mí? Espera en Dios; porque aún he de alabarle, Salvación mía y Dios mío. Salmos 42:11.

Es fácil entender el estado anímico y la condición del escritor. Después de escribir los capítulos anteriores he tenido que hacer planes para nuestros próximos días, y como ya les dije mi hija Raquel está gestando en su vientre a 4 bebes (cuatro bebes), esperamos cuatrillizos. Se imagina usted como estamos?. Sí, estamos con emociones en choque. La familia pasa sorpresivamente de 1 nieto a 5 nietos y aun esperando tener noticias de parte de nuestro hijo primogénito.

De manera que basado en estos últimos acontecimientos que hemos tenido como familia, los abuelos por parte del padre y nosotros los abuelos maternos, pensamos como vamos a hacer para ayudar en ese crecimiento sorpresivo.

Como ministros cristianos, solo nos queda negarnos a hacer cálculos, y aceptar que en el programa de Dios están incluidos los sorprendentes, lo que no imaginamos y lo milagroso. Sus caminos son únicos, Alabado sea nuestro Dios!.

A esta altura ya usted sabe que las familias, mi familia y la suya, están dentro de los planes de Dios, solo requiere que abandonemos nuestros afanes personales y pongamos en acción su diseño. ÉL todavía busca familias que en medio de su imperfección puedan ser testigos de su fidelidad. Mi interés principal es que ya en esta parte final del libro, usted sea empujado a creer en Dios, para lo milagroso, para lo desusado. Creo que usted como lector, miembro de una familia, se sorprendería mucho al tener por adelantado cuál es el plan de Dios para sus integrantes. Así que levantase, haga planes para ser protagonista de lo que Dios va a hacer con ustedes. Tengo seguridad que en cada hogar que se destruye y todo corazón herido, Dios solo quiere que le dé una oportunidad para hacer un milagro. Un milagro es la respuesta de Dios para los que le creen. ¡DESPIÉRTESE! YA MISMO, HÁGALO CON INTENCIÓN. SEA RECEPTIVO Y ESTE DISPUESTO A SER PARTE DEL PLAN DE DIOS PARA SU FAMILIA.

El guerrero, el poderoso en batalla, sabe como enfrentar a los enemigos. Y como termina la canción del Rey David a su hijo Salomón en el Salmo 127:5 "No será avergonzado
Cuando hablaré con los enemigos en la puerta".

Lléveles a todos en oración, pidiendo sabiduría y fuerzas espirituales para cada uno.

## CONCLUSIÓN. - POR J ANTONIO MASSI.-

~~~~~~~~~~

Durante el recorrido de este proyecto llamado EN LAS MANOS DEL VALIENTE han sucedido varias situaciones en nuestra vida personal. Unas que nos han producido gran contentamiento, otras que han sido opuestas a los resultados que esperábamos, otras que nos han dejado con las cejas en alto y las mandíbulas llegando al cuello (como la noticia de los nuevos nietos) y algunas que pasaron desapercibidas. Y todas esas situaciones me ayudan a esta altura de la vida a ser más pensante y hasta más crítico conmigo mismo, y la razón por la que escribo esto es que la transitoriedad de la vida nos obliga a serlo, nos obliga a pensar y pensar sobre muchos asuntos que son de gran importancia. Y esa es la intención mayor del contenido de este libro, obligarles a pensar en medio de un mundo envuelto en creciente tecnología; para un escritor, es un verdadero reto y en especial llevarle a pensar acerca de nuestra familia.

Así como mencione en mis líneas iniciales, que hablar sobre el tema de la familia ha despertado mucho interés y las peticiones de ayuda a matrimonios y familias están en aumento. Y como muestra a que el tema de la familia ha cobrado mucho auge, les comparto que mientras escribía esta conclusión escuche una entrevista a la directora de una película que ha sido galardonada con muchos premios y si no escuche mal, fue nombrada la mejor película europea, esa película se llama "cinco lobitos"; no la he visto, pero supe que precisamente está basada en la vida cotidiana de una familia. Entonces de nuevo le menciono, por favor piense, sí, piense en los miembros de su familia y hágase preguntas como estas: ¿Están mis hijos preparados para soportar la presión de una sociedad que acepta los conceptos de vida pervertida como normal? ¿Podremos nosotros como pareja ser una influencia para la vida de nuestros hijos? ¿Tenemos definido en nuestro hogar criterios unificados del manejo del dinero? Si nos sentamos juntos como familia a comer; ¿cuál es el ambiente que se respira en la mesa?

Bueno, todas estas preguntas son solo de ayuda para ser preventivos y protegernos de esos momentos donde lo insoportable llega, el dolor aparece y las lágrimas... si, las lágrimas...

En el periodo de planeamiento de este libro, los días finales del 2022, vimos acontecimientos que fueron noticias alrededor del mundo. La muerte de la reina Isabel II, a los 96 años y quien estuvo en esa función por 70 años con un compromiso inquebrantable, era anunciada por la familia real, las lágrimas se veían en todo el mundo, el vacío que dejó en la monarquía británica producía en muchos, sentimientos de dolor por la pérdida de quien ha sido la reina con más años en el poder. Lágrimas de tristeza que se vieron a través de los medios. También cercano a ese acontecimiento nos enteramos de la muerte de Benedicto XVI, quien ocupó la posición de papa de la iglesia católica y quien fue recordado por ser el primer pontífice que renunció al cargo en 600 años. Las lágrimas con pesar eran vistas de los fieles católicos al presentar sus últimos respetos mortales al cuerpo del papa. Eran lágrimas de sentimiento por el legado dejado por Benedicto XVI. Además, le agrego también la noticia que decía "fallece el rey del futbol, el mundo llora a Pele". Sí, lágrimas por la leyenda del futbol brasileño, considerado unos de los mejores futbolistas de ese deporte. Muchos que le conocieron personalmente decían que su humildad y carisma le hacían verlo como una gran pérdida, y también muchas lágrimas eran vistas en las trasmisiones. Lágrimas, muchas lágrimas.

Eso me motiva a decirle a usted como lector que las lágrimas son reales, que el dolor llega por diferentes vías. Y en mi experiencia de vida como pastor, consejero y predicador del Evangelio de Jesucristo, creo que no hay lágrimas que sean con más profundo dolor que las lágrimas que son producidas por el dolor en la vida familiar. Esas sí son lágrimas significativas. Y allí no importa si usted es católico, ortodoxo, ateo, cristiano, rico o pobre, admirado o ignorado, allí el dolor por la pérdida de nuestro matrimonio, o por nuestros hijos es igual para todos.

Al final de todo, uno descubre que lo más importante es **la familia**.

Esta es mi conclusión, (la mía, pues este libro por ser escrito por ambos, mi esposa Yajaira Massi quien escribe los capitulo dos y tres; también escribió su propia conclusión) NO ESPERE QUE LOS MOMENTOS

DIFÍCILES APAREZCAN PARA PENSAR EN SU FAMILIA. ¡HÁGALO YA MISMO, Actúe ya!

Dios quiere ser su ayudador para que luego los resultados en su vida y familia puedan ser de motivación a otros. Dios es fiel.

## CONCLUSIÓN. - POR YAJAIRA MASSI.

Al finalizar las líneas de este proyecto, he estado recibiendo las noticias del día que reflejan el deterioro de nuestra sociedad. En tan solo 48 horas se registran tres atentados; con un saldo de más de 20 personas que han perdido la vida en un total de 34 atentados en lo que va del inicio de año del 2023 ocurridos en diversas ciudades de la nación más poderosa del mundo. Estos hechos siguen enlutando a muchas familias, dejando al descubierto la grave crisis que se sigue desarrollando sin control y que debe verse como un comportamiento social de gran preocupación que comienza en los hogares y en el que la iglesia debe tomar un papel más activo para expandir las verdades del evangelio de Jesucristo y resistir los poderes de las tinieblas, llegando a las familias que necesitan la transformación por el poder de Dios.

En mi último análisis sigo concluyendo que el deterioro de nuestra sociedad tiene sus raíces más profundas en dos cosas importantes: en la separación del hombre de su creador y en la segunda, en los principios morales y espirituales que se extrajeron de los hogares.

No es solo el hecho de que esta nación americana sacó a Dios de las escuelas o entidades gubernamentales, sino que papá y mamá sacaron de sus casas los valores eternos de la Palabra de Dios que son fuente de vida y estabilidad para las familias, palpando hoy el doloroso resultado de desenfreno, inmoralidad e inseguridad que nos salpica a todos por ser integrantes de esta sociedad.

El propósito de Dios para la familia era crear un vínculo para la protección y formación de sus integrantes, un plan que está vigente en este tiempo. La violencia que estamos viendo a nuestro rededor está ligado con hombres y mujeres que de alguna manera han sido desconectados de los nexos que les debían proporcionar cuidado y estabilidad emocional, lo que está llevando a muchas personas que atentan contra la vida de otros inocentes a cobrar facturas, como si la vida les debiese algo.

En mis últimas palabras deseo hacer una invitación a los lectores de nuestro proyecto para que no pierdan la oportunidad de tomar las mejores decisiones que involucren a quienes serán nuestra generación de relevo, sus hijos, aportando para todos los integrantes fundamentos que estén basados en el plan de Dios. Que como adultos responsables y con la sabiduría que la Biblia aporta, ustedes puedan impartir mejoras a la vida familiar en las áreas más importante que son la espiritual y emocional.

Anhelamos que las herramientas que mi esposo y yo deseamos dejar en tus manos también sean un recurso de utilidad para dichas mejoras y puedas junto a tus seres amados ser guiado, bendecido y protegido por Dios.

# Libros publicados por el Ministerio Restaurando la Familia

Yajaira J. Massi

**Prólogo** J. Antonio Massi

Un hueco en el vacío

Todos tenemos conflictos, especialmente conflictos emocionales

Ministerio Restaurando La Familia

YAJAIRA MASSI

# JUNTOS Y DE ACUERDO

*Principios bíblicos para los retos matrimoniales*

Ministerio Restaurando La Familia

¡LO QUE CREEMOS Y LO QUE VIVIMOS!

Prólogo por Yajaira J. Massi

# CONVICCIONES
## BÍBLICAS en un mundo confundido

# J. Antonio Massi

J. Antonio Massi

# Un verdugo llamado
# TEMOR

Ministerio Restaurando la Familia

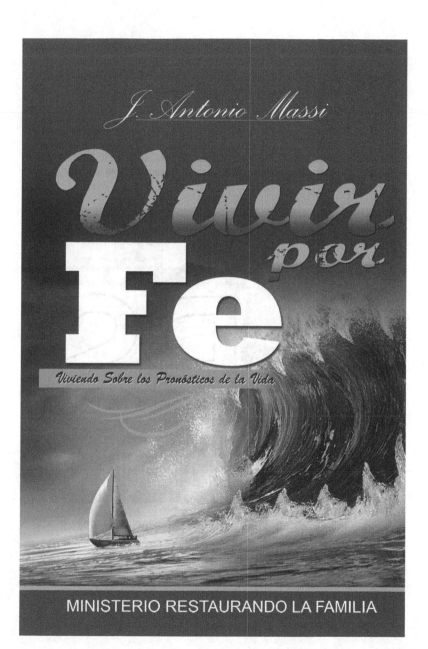

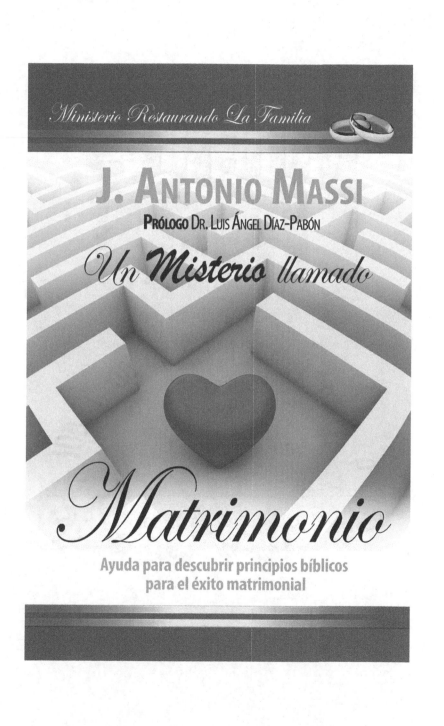

Ministerio Restaurando La Familia

# J. ANTONIO MASSI

### PRÓLOGO DR. LUIS ÁNGEL DÍAZ-PABÓN

## Un **Misterio** llamado

# Matrimonio

Ayuda para descubrir principios bíblicos
para el éxito matrimonial

# NOCHES FRÍAS

YAJAIRA J. MASSI

J ANTONIO & YAJAIRA MASSI

# EN MANOS
# DEL VALIENTE

MINISTERIO RESTAURANDO LA FAMILIA

¡¡¡LA FAMILIA SI IMPORTA!!!

# TODO POR MI FAMILIA

## J. ANTONIO MASSI

MINISTERIO RESTAURANDO LA FAMILIA

# Notas

# Notas

_____
_____
_____
_____
_____
_____
_____
_____
_____
_____
_____
_____
_____
_____
_____
_____
_____
_____
_____
_____
_____
_____
_____

# Notas

# Notas

# Notas

Printed in the United States
by Baker & Taylor Publisher Services